Johann Frantz Griendel

Pyramis

Sinnreiche Ehrensäule

Johann Frantz Griendel

Pyramis
Sinnreiche Ehrensäule

ISBN/EAN: 9783743604384

Hergestellt in Europa, USA, Kanada, Australien, Japan

Cover: Foto ©Andreas Hilbeck / pixelio.de

Manufactured and distributed by brebook publishing software
(www.brebook.com)

Johann Frantz Griendel

Pyramis

Pyramis

oder

Sinnreiche Ehren-Seule/

Mit Hieroglyphischen Politico-Mystico Sinn-Bildern/

Zu unterthänigsten Ehren und Glückwünschung

Der

Durchlauchtigisten und gnädigisten

Neuen Chur-Fürstlichen Herrschafft

und Regierung

Johan Georg

des Dritten/

Churfürsten von Sachsen.

Inventieret und beschrieben

durch

Johann Franz Briendl/ von Ach

auf Wanckhausen 2c.

Sr. Churfl. Durchl. von Sachsen Ingenieur.

DRESDEN/

Druckts und verlegts Christian Bergen/
im Jahr Christi 1681.

Zueignungs-Schrifft

Dem
Durchlauchtigisten Fürsten und Herrn

Herrn Johann Georg
dem Dritten

Herzogen zu Sachsen / Jülich / Cleve und
Berg / des Heil. Römischen Reichs Erz-Mar-
schallen und

Chur-Fürsten /

Landgrafen in Thüringen / Marggrafen
zu Meissen / auch Ober und Nieder-Lausitz / Burggra-
fen zu Magdeburg / Grafen zu der Marck und Ravens-
berg / Herrn zum Ravenstein /

Meinem gnädigisten Churfürsten und Herrn.

Durchlauchtigister Chur-Fürst und
gnädigister Herr /

ES schreibt der vortreffliche Geschichtschrei-
ber Strabo lib. 17. daß unter den sieben Wun-
der-Wercken der Welt / nit das geringste gewesen die Egyptische Pyramides, oder Spitz-

Scu-

Seulen/welche zur ewigen Ruhms-Gedächtnis ih=
nen die Egyptische Könige mit unbeschreiblichen Un=
kosten bey der Stadt Memphis, itzund Alcaijr auff er=
bauen lassen. Die gröste unter selbigen war 625.
Schuh hoch/ und iede Seiten 883. Schuch breit=
Dreymahl hundert und sechzig tausend Mann ha=
ben zwanzig Jahr an dieser einigen Spiz=Seulen ge=
bauet/und mehr als 640000. Frantzösiche Crohnen
zu bauen gekostet/und zwar solches grosses Geld ist
nur allein für die geringste Speise/damit die Arbeits=
Leute sind gespeiset/ausgegeben worden. Das Welt-
berühmte Rom ist auch voll der künstlichen Pyrami-
den und kostbahren Ehren-Seulen/welche die Römer
ihren Göttern/Römischen Regenten und Käysern zur
ewigen Ehren-Gedächtnis auffrichten lassen.

Die gelehrte Welt hat mir Anlaß gegeben / daß
ich Euer Churfl. Durchl. bey glücklicher Antretung
des Churfl. Throns und Sächsischen Scepters / mei=
nes obhabenden Officii und Pflicht=Schuldigkeit ge=
mäß/als Dero unterthänigster Diener und Ingenieur,
auch eine Pyramidem, oder Ehren=Seule zu unterthä=
nigisten Ehren auff zu bauen mich erkühnet/ nit aber
aus zerbrechlichen/und durch das Alter verderblichen
Steinwerck/sondern von Sinnreichen Hieroglyphischen Politico-Mystico Sinn=Bildern: habe auch mit
sonderlichen auff Euer Chur-Fürstlichen Durchlauch=
tigkeit Glorwürdigisten Nahmen gerichten Ehr-und

)(3

Denck=

Denck-Sprüchen / auch Gemählden beſter maſſen aus zu zieren / mich unterfangen; uber das ſolche Chur-Fürſtliche Ehren-Seule mehrer zu beehren/die Edle Muſen / welche ſich der Zeit aus Furcht der Todtbläichen Lacheſis und grauſamen Libitinæ in die inneriſte Höhlen des Parnaſſi verkrochen / herfür zu locken / bearbeitet / und vermitls des beflügleten Pferds Pegaſi häuffig eröffneten Muſen-Qvelle eine ſchuldige Gratulation und Glückwünſchung zu unterthänigen Ehren der Neuen Churfl. Herrſchafft und Regierung mit neuen Erfindungen verabfaſſen und zu Euer Chur-Fürſtlichen Durchl. Füſſen unterthänigiſt legen wollen.

Womit der unterthänigiſten Zuverſicht lebende/ Euer Chur-Fürſtliche Durchl. werden dieſe meine Sinnreiche Hieroglyphiſche Politico-Myſtico Pyramidem, oder Ehren-Seule / und auffgerichtetes Sinn-Bilder-Gebäu unter Dero Hohen Durchlauchtigiſten Churfl. Nahmen / mit gnädigen Augen anzublicken/ gnädigſt geruhen/ wie nit weniger meine unterthänigiſte National-Schreib-Arth in Churfl. Gnaden gefallen laſſen / und wider die Zoilos und Naßwitzigen kräfftiglich protegiren helffen.

Inmitls aber Eure Churfl. Durchl. und Durchlauchtigiſten Sachſen-Stamm des Allgewaltigen GOttes gethreuen Schutz / zu aller an Leib und Seele wohl gedeylichen Proſperität / Flor und glücklicher

licher neuen Regierung: mich aber zu Dero beharr-
lichen Hohen Chur-Fürstlichen Gnade in unterthä-
nigister verpflichter devotion gehorsamist empfehlen-
de/ der ich versterbe

Euer Chur-Fürstl. Durchl.

unterthänigister/ gehorsamister

Johan Franz Griendl/ von Ach
auf Wanckhausen/
Chur-Fürstlicher Ingenieur.

Der

Der

Chur-Fürstl. Nahmen

IOANGEORGIII.

Mit 12. Hieroglyphischen Sinnbildern
vorgebildet,

Nusqvam flexa, nunqvam fracta.
Niemahls gebogen/ Minder zerbrochen.

Die Seule mit aller Macht nicht kan gebogen werden/
Wann schon der Menschen Stärck veräingt wer auf Erden
Nimmer zerbrochen / weisen soll das Alter und die Zeit
Heist das nicht starcke seyn! wo Stärcke/ verlihrt den Streit.

(I)

DAs Erste Hieroglyphische Sinn = Bild! (den Ersten Churfürstl. Nahmen = Buchstaben (I.) vorbildent/ stellet vor Augen eine starcke von Marmol = Stein zierlich ausgehauene Ehren = Seule/ darauf daß Churfl. Wapen/ und Chur = Hut ruhen.

Es ist zwar von den Columnis also genandten Colonnichen Familie zu Rom ihr beruffenes Symbolum nicht wenigen bekandt: So eine Seule ist mit dieser Obschrifft. Ehe zerbrochen / als gebogen. Erst = vorgestelten Hieroglyphischen Ehren = Seule werde ich auch ein Beyschrifft mit meiner schwachen Feder ein zu graben / und der Ewigkeit einzuverbleiben mich erkühnen : nehmlichen diese Lehr = Satz messige Worte.

Nusqvam flexa, nunqvam fracta, Niemahls gebogen/ minder zerbrochen.

Wann Ich derohalben daß heil. Römische Reich in Betrachtung ziehe/ waß ist es anderst / als ein vest = gegründetes Gebeu / von Sr. Kayserl. Mäystet und denn 7. Chur = Fürsten/ als sehr starcken un hocherhabnen Seulen vest unter stürtzet. Derohalben wann Eure Churfl. Durchl. höchst ruhmwürdige Person allein insonderheit, aus, selbigen in Betrachtung gezogen wird/ so finden wir an derselbigen eine vollständige Seule und zwar eine Compositam. Der hocherfahrne Bau = Meister Vitruvius lehret unter andern 5. Geschlecht der Seulen / welche sein die Toschana, Dorica, Jonica, Corinthia, und Composita, diese leztere ist ein Zieraths = Außbund/

so vo = l

so von den 4. erst berührten schönsten Seulen-Zierathen zu sammen gesetzt wird/ hat vor andern von den Architectis und Bau-Meistern den Vorzug und Preiß erhalten. Schreiben derohalben nicht unbillig/ daß Seiner Churfl. Durchleuchtig-ste Persohn eine vollständige Reichs-Seule/ und zwar eine Compositam vorstelle/ in welcher gleichsam alles/ was Lob-würdiges hohes/ Großmütig-Tapffers-und Tugentsam an dero Durchleuchtigsten Vorfahren/als in Toscanischen/ Do-rischen/ Jonischen und Corinthischen Seulen das respective Chur-und Fürstlichen Hauß-Sachsen iemahls gewesen/voll-kommentlich zusammen gesetzet/ und derowegen mit fug eine Columna Composita zu nennen sey. An welcher dero viel uñ mannigfaltige Tugenden die Stelle der schönsten Zierathen vertreten; Also daß durch der Seulen-Veste Eure Churfl. Durchl. unbewegliche Standthafftigkeit: durch die Stärcke de-ro Churfl. unüberwindliche Macht: durch die Höhe die Churfl. dignität: durch die Gerade dero unveränderte Aufrichtigkeit Durch die perpendiculär Gleichheit dero durchlauffende Ge-rechtigkeit: Durch die Rundung dero in allerhand Fürstlichen qvalitäten an sich gebrachte Volkommenheit/ gar füglich ver-standen werden kan. In dieser herrlichen positur nun stehen Eure Churfl. Durchl. an statt der veralten und durch den starcken Todt umb geworffenen Chur-und Reichs Seulen dero durchlauchtigsten Herrn Vatters hoch seeligsten Angedenckens/ und zwar/ als nunmehro eine vest-gegründte und hocherhabe-ne Chur und Reichs-Seule/ die so wol daß heil. Römisch-Reich/ als dero eignes Chur-Sachsen-Hauß großmütig unterstür-tzet/ und mit hochweiser Regierung beglückseeliget.

Ich will hiermit meine aller unterthänigste/ Treu-ge-horsamste Pflicht-Schuldigkeit contestiren/und mit dem gan-tzen Churfürstl. grossen Sachsen Lande eiffrigst wünsch en. Der höchst getrohnte/ der Herr aller Herrn/ der Kron und

Scepter

Scepter gibt / der wolle diese hohe Churfl. Reichs-Seule (an
welcher auch ich mich schwacher / und unterthänigster Diener
vest steuren thue) auf den sichersten Basament seiner Göttlichen Gnaden lange Jahr in glücklicher und friedsamen Regierung zum gnädigsten Trost der Unterthanen standhafft erhalten / wieder die feurichẽ Blitz und Donner-Keulen / auch gefährlichen Sturm-Winden der heimlichen als offentlichen
Feinde gnädiglich bewahren und bevestigen / wie nicht weniger
mit dem Capital der unverwelcklichen Lorber-Kräntze der be-
glückten Sieg- und Triumphen herrlich bekrönen.

In Göttlicher Schrifft in Buch Mosis cap. 13. wird ge-
lesen / daß der HErr für denen in der Wüsten herumb-irren den
Kindern Israel deß Tages in einer Wolcken-Seule / und deß
Nachts in einer feurigen Seulen sey für ihnen hergezogen. Eure Churfürstl. Durchl. geruhen ihre treue Diener und Unterthanen gleicher massen deß Tags in einer Wolcken-Seule /
daß ist unter dero mächtigen Schutz / Schirm und Schatten
gnädigst zu nehmen / und des Nachts in einer feurigen Seulen /
daß ist / in betrübten Anfechtungs-Zeiten dere hell-leuchtende
Churfl. Gnaden-Strahlen nicht zu entziehen.

Auspice Deo
Von GOTT gegeben.

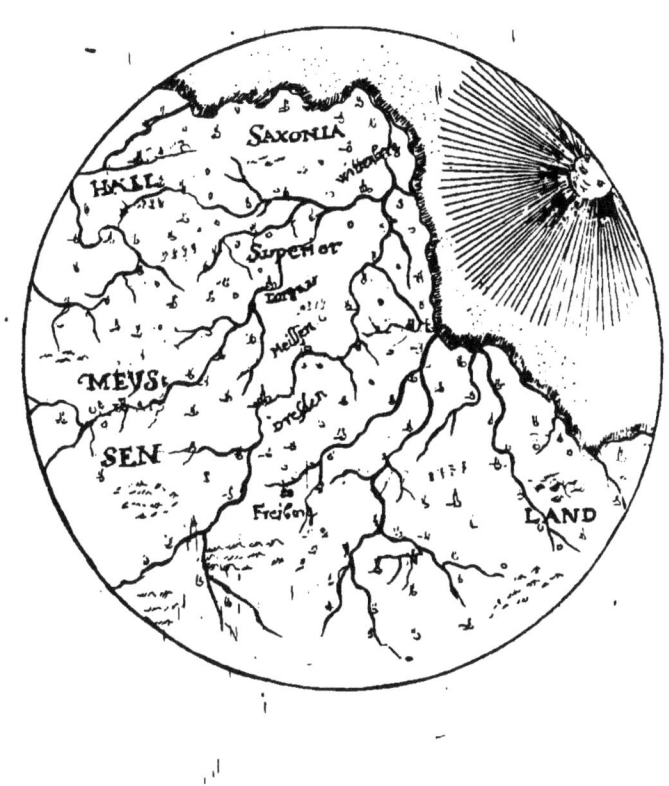

Daß Glück ist Kugel-Rund in schlipfferig Weg thut führen/
Wo GOtt der Führer ist/ kan keiner sich verirren.
  Glückseelig der Regent / dem also bricht herein
  Die Göttlich Gnaden-Sonn mit ihrer Strahlen-Schein.

(O)

Er ander Nahmen-Buchstaben (O.) bildet in einen Hieroglyphischen Sinn-Bilde die Erd-Kugel/ in welcher das grosse Chur-Fürstenthumb Sachsen/ als in einer Mappa oder Land-Karten entworffen ist/ mit der hellstrahlenden Sonnen. Auff der Kugel ist diese überschrifft/ Auspice Deo, von Gott gegeben/ zu lesen.

Ohne das weltliche Regiment und hohe Obrigkeit kan kein Reich/ keine Stadt/ kein Volck/ noch daß menschliche Geschlechte/ ja auch die Welt selbsten nicht bestehen/ wie der weise Heyde Cicero wol und weißlich geschrieben hat. Das ist das ienige Band und Kette/ an welcher alle gute Policey hanget/ das ist das Leben und der Geist/ der so viel tausend Menschen/ ziehet/ regieret/ und als der rechte Friedens-Stab in Gehorsam/ ordentlichem wesen/ und Burgerlicher Einigkeit erhalt; also gar/ das wo derselbe dem menschlichen Geschlecht entzogen/ oder aus dem mittel genommen würde/ nicht allein hochschädliche Unordnungen erfolgen/ sondern auch alles mit einander übern hauffen fallen/ endlich gar zu grunde und boden gehen müste. Darumb hat GOtt diesen Stand der Welt-Regenten und hohen Obrigkeit/ mit besondern Ansehen/ und gleichsam unüberwindlichen Waffen angezogen/ daß sie als Stadthalter GOttes für andern geehret/ und gefürchtet würden: und ist eine besondere verborgene Krafft die daß menschliche Gemüthe/ wunderbahrlicher und unerforschlicher weise zur Furcht/ Ehrerbietung und Gehorsam ziehet und beweget. Es ist nichts anders/ als eine Krafft Gottes und ein Glantz von der wahren Göttlichen Majestet/ welche man vielmehr verwundern/ als dessen wesen er-
gründen

gründen kan. Regenten seind Irrdische-Götter auf den Welt-Kreisse/ und Göttliche Vice-Roy und König. Dahero die alten Heydenschafft sinnreich gedichtet/ daß die Götter dem starcken Riesen Atlas die Welt-Kugel aufgebürdet/ und auf seinen Schultern den schweren Last zu tragen/ anvertrauet/ der höchste Gott Jupiter aber unterweilen in Erhaltung der Welt Kugel ihme mit seinen Schultern zu hülffe komme.

Diesen Lehr-Sätzen gemäß weiset die hell-strahlende Sonnen der Ewigen Gerechtigkeit in vor gemahlten Hieroglyphischen Sinnbilde/ daß Eure Churfl. Durchl. daß Königliche von den Uhralten hohen Königlichen Witekindischen Stamm her sprossende Sachsen und grosses Chur Fürstenthum/ neben den so vielen angehörigen provincien und Erbländern/ dan deß heil. Römischen Reichs Ertz-Marschall Churfl. dignitet, nicht ungefehr durch blosses blindes Glück/ als etwan eine Glücks-Kugel/ zugewältzet/ sondern durch den Göttlichen Rath-schluß und Willen/ der die Fürsten-Thümer von einem Geschlecht auf das andere bringet/ die König ein und absetzet/ mildreich zu kommen. Die Gaben/ die nicht von GOtt herrühren/ haben keinen bestand. Macht/ welcher nicht von GOtt, der Grundt geleget ist/ muß bald wancken/ da es aber so zugehet/ das man GOttes wunderbahre Providentz und Fügung für Augen siehet/ darff sich niemands darwider setzen. Arist: minus insidiantur iis, qvi Deos auxiliares habent. Denen Fürsten/ sagt Aristoteles, stellet man nicht nach/ die GOTT zum Schutz-Herrn haben.

Mein und aller treuen Diener und Uunterthanen Wunsch gehet sammentlich mit heller Stimm dahin/ was Samuel: lib. 2. cap. 7. GOtt dem König David und seinen Samen versprochen Ewiglich-

Daß Durchleuchtigste Chur-Sachsen Stammen Hauß und Chur-Fürstenthum soll beständig sein Ewiglich/ und der Regiments-Stuhl soll Ewiglich bestehen.

Post bella mella
Auf blutigen Krieg/ Honig ſüſſer Fried.

Der beſte Fried läſt ſich bey den Waffen ſchlieſſen/
So dann auf Martis Blut honig-quell ſich ergieſſen
So war deß Printzen-Macht darzu angewandt/
Daß ſich der Friede fand/ und ruhe Sachſen-Land.

(A)

Er in diesen Hieroglyphischen Sinn-Bilde/ unter den Nahmen-Buchstaben (A) wird abgeschildert ein Beer mit einem Bienen-Stock/ um deſſen Ohren die zornigen Bienen ſauſſen und brauſen. Ungeachtet deren ſcharffen Stachln/ wann er nur die Honig-ſüſſe Beuthe ausnehmen mag/ läſſet tapffer die ſtachlete Bienen um ſein Kopf ſtechen. Mit dieſer Obſchrifft: **Poſt bella mella. Auf blutigen Krieg/ honig-ſüſſer Fried.**

Zu Belehren das ſüſſe Ruhe und Fried/ der allen Ständen auff den Krieg zuwächſet/ viel Mühe und Arbeit koſten thue: der beſte Friede aber wird unter den Waffen geſchmiedet. Demnach eines Fürſtens Tugend ſeyn ſoll/ zu beyderley/ Krieg und Frieden einen bereithen Muth zu führen: Waffen befördern den Krieg/ aber wann ſie durchdringen und überwinden/ ſo hemmen ſie auch den Krieg/ und bringen den Edlen Frieden; Wer den erlangen wil/ muß der Waffen Stärcke brauchen. Tapffere Fürſten/ die ihren Staat wohl führen/ können aus einem Schooſſe beyderley ſchütten/ daß der Feind/ wie ein Römiſcher Geſandter zu den Carthaginenſern ſagte/ erwählen mag/ ob er Krieg oder Frieden wolle. Bey des muß ſeyn. Krieg zu dämpffen die wiederſpenſtige Völcker und Feinde. Friede zu Fortpflantzung der Kirchen Gottes, daß GOTT dadurch geehret/ der Himml gepflantzet/ und alle Stände gegründet/ und inſonderheit auch die Helden geprieſen werden.

Wann ich mich zu Euer Churfürſtl. Durchl. unüberwindlichen Helden-Geiſt und Tapfferkeit wende/ den Sie abſon-

B

sonderlich zum Schutz des heil. Römischen Reichs / und Dero Churhaus Sachsen in drey gefährlichen Feld-Zügen unter den donnerenden Carthaunen und Musqveten-Hagl glorwürdigst sehen lassen. In welchen während den 3. Feld-Zügen dieselbe als ein Hochverständiger Heros und Teutscher Hector die General Leutenant Charge höchstrühmlich vertreten / Ihre untergebene Völcker verständigst commandiret / und wieder den furieusen Feind generos angeführet: Wodurch sie auch den süssen Honig-Frieden unter den blutigen Waffen / und gestachleten Bienen-Schwarm der Feinde nachdrucklich promoviren und erwerben helffen: und zwar mit Hindansetzung aller Fürstlichen Ergetz- und Lustbarkeiten haben dieselbe an Statt des schönen Dreßdnischen Chur-Fürstl. Residenz-Pallast etwan in einer schlechten Bauren-Hütten das Logament nehmen / oder in der Compagni unter dem freyen Himmel im Regen / Schnee und Wind samt tausenterley travallien campieren / und hingegen an statt des lustigen Jäger-Hüffts und lieblichen Music, der Mord-tonnenden Trompeten / Dromel und Heerbaucken / verdrießlichen Mars umb die Ohren stets hören müssen. Aber auff Arbeit folgt belohnung / auf blutigen Krieg süsser Honig-Friede.

Der Allgewaltige GOTT / der Fürst des Friedens wolte derohalben Euer Chur-Fürstl. Durchl. Dero Königl. Gemahl / Chur und Fürstl. Prinzen samt den sämtlichen Durchlauchtigsten Sachsen Stamm nunmehro nach ausgestandener Kriegs-Gefahr / die Zucker-süsse Früchte des Edlen Friedens frölich abbrechen / und viel / viel / viel Jahre mit Fried- und Glückseeliger Regierung das reiche Honig der Schätze und Glückseeligkeiten immer fort in beständiger Ruhe / und Gesundheit freudenreich einsamlen lassen.

In Buch der Richter stehet von dem streitbahren Simson geschrieben / daß er ein grimmigen Löwen mit seinen Riesen-starcken Händen zerrissen / und hernach in seinem Rachen

nach

nach etlichen Tägen ein Bienen-Schwarm und Honig zur
Beuthe gefunden/ darvon geessen/und auch den Seinigen hernach von selbigen zu essen geben. Gleicher massen nach dem Euer
Churfürstl. Durchl. als ein streitbahrer Simson den grausa-
Löwen/das ist den Krieg zerreissen helffen/ geruhen daß Jns-
gesamt Jhre gehorsame Unterthanen das Honig des allgemeinen darauff nunmehro erfolgten Friedens in Gnaden auch
geniessen lassen.

Friedens-Sonnet.

DEr Edle Fried ist ein Gut der gantzen Welt:
Ein heller Diamant/ da Tugend eingepräget:
Ein Goldwerck/das den Schaz der grösten Schätze heget:
Ein Schloß/wo alle Pracht die schönste Herrschafft hält:
Ein Stern/vor dessen Glantz erbleicht das Sternen-Zelt:
Ein Wohlstand/ darinn sich recht güldne Zeit erreget:
Ein West/ der Sanfftmuth bläst/und Grausamkeit ableget:
Ein grosser Sieges-Herr/dem Krieg zu Fusse fält:
Ein Garten/ welcher trägt die Zucker-süssen Früchte:
Ein Ampel/ die da brennt mit ewig hellen Lichte:
Ein Brunnqvell/ der da fliist mit freudenreicher Ruh:
Ein Lust-Haus sonder gleich/wo Unlust ist entwichen:
Ein auserwünschter Stand/ wo Zwytracht gantz erblichen:
Ein Leben/ das ihm selbst der Himmel äignet zu.

His

His fulcris
Auff diesen Seulen.

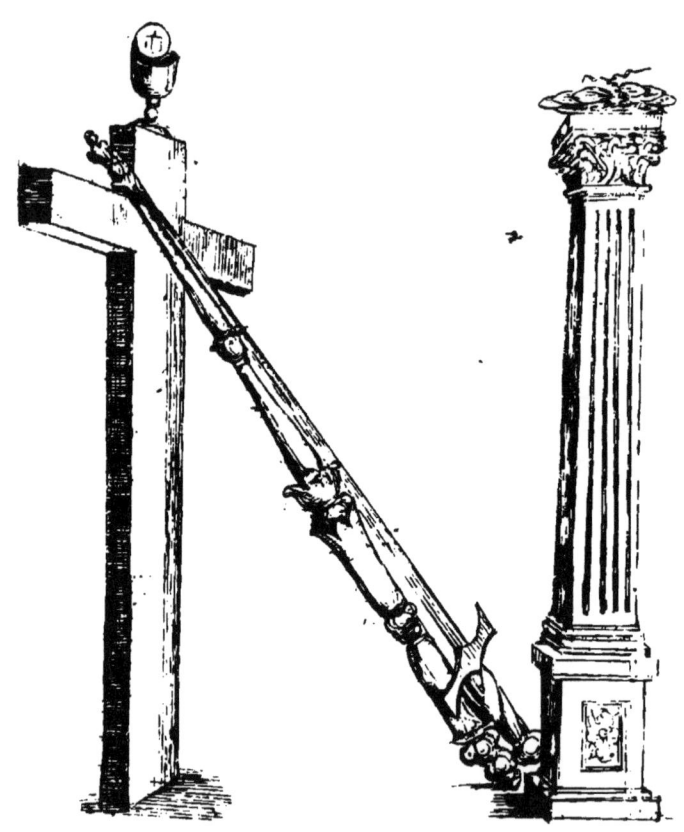

Das Fürstlich Haus/ das auff den Glaub ist vest gegründet/
Und die Tugend-Seul veräingt sich dabey findet/
    Das gibt den Scepter Krafft in güldner Friedens-Zeit/
    Und führet auch das Schwerdt mit Nachdruck in den Streit.

Nvorgebildeten Sinnbilde / mit den Buchstaben (N·) ruhet Scepter und Schwerdt zugleich auf dem Creutze Christi / ob welchen· der heilige Kelch sambt den Hoch-würdigen Abendmahl stehet / und gleich gegen über auch die Tugend-Seule mit den unverwelcklichen Lor-ber-Krantze gekröhnet / auffgerichtet zu sehen ist.

Wird dahin gezielet / daß ein Guberno oder Fürstliches Regiment alsdenn wohl fundiert und gegründet sey / wann des Fürstens Scepter uñ Schwerd auf den Glauben / Religion und Gottesfurcht gerichtet / und dabey sein Hertz tugendhafft und tapffer ist. Deñ die Religion ist eine Stütze aller Regimen-ter / auff welcher so ein Reich nit gebauet / muß schnur stracks seinen Untergang erziehlen. Omnia prospera eveniunt co-lentibus Deum, adversa spernentibus. Lauter Glück muß denen folgen / schreibt Liv. dec. 1. die GOTT ehren / aber Un-glück / die Jhn verachten. Unter den vierfüssigen Thieren ist das allerstärckeste der Löwe / den Vögeln der Adler / den krie-chenden Ungezieffer der Drache / unter den Menschen aber / welcher GOTT fürchtet.

Die andere Grund-Seule eines wohlbestellten Regi-ments ist die Tugend der Tapfferkeit / darauff auch der Ehren-Krantz unfehlbar folget. Wann bey einem Helden meßigen Printzen / wie Cic. pro lege Man. schreibet / sich findet: Labor in negotio, fortitudo in periculo, industria in agendo, ce'e-ritas in conficiendo: Arbeitsamkeit im Fürnehmen / Tapffer-keit in Gefahr / Fleiß in Verrichten / und Geschwindigkeit in Ausführen / so stehet es wohl um selbiges Guberno: und wie Liv. lehret: Agendo audendoqve res Romana crevit, non his segnibus Consiliis, qvæ timidi cauta vocant. Mit Wa-

gen

gen und Ausrichten ist die Römische Macht gewachsen / nicht durch faule Rathschläge / die blöde Leuthe behutsam nennen. Das Oraculum der Staatisterey lehret auch non ignavia, &c. sed armorum virorumqve faciendum certamen. Tac. 15. An. Mit Trägheit erhält man nichts/ sondern es muß Gewehr und Mann rüstig seyn.

Wann ich mich zu Euer Churfürstl. Durchl. Durchlauchtigsten und Glorwürdigsten Vorfahren kehre / finde ich / daß selbige nit allein an Tapfferkeit Welt beruffene Helden/ sondern auch grosse Wunder-würdige Eysserer des HErrn Zebaoth und der Religion gewesen / ja der blinden Welt erst das wahre Licht des heiligen Evangelii eingeführt/ und zu Beschützung des reinen Worts GOttes / Land und Leuth/ Leib und Leben daran gestreckt/ und als hochtheure Helden über einen Schatz / der mit so viel tausend Menschen theuren Bluth erkauffet worden/ vestiglich gehalten/ und bald auff die anderthalb hundert Jahr wachtsam ist bewahret.

Es schreiben die Historici von dem Christlichen Käyser Constantino Magno, als er wieder die Gottesläfterliche Saraceher gestritten/ daß ihme von den Himmel durch ein Engel ein Creutz überantwortet worden / darauff geschrieben gestanden (in diesem wirst du obsiegen.) Ich sehe gleichsam bey Antrettung der Chur und Fürstlichen Regierung Euer Chur-Fürstl. Durchl. als dem hohen Haupt der Evangelischen Christenheit von dem gütigen Himmel mit dergleichen gülden Creutze und Inhalts Obschrifft beehren und beschencken / damit dieselbe nicht weniger alle Ihre sichtbahre und unsichtbahre Feinde Generos unter die Füsse legen/ und als ein glorwürdiger Obsieger über ihre hartnäckige Häls glorios triumphiren werden/ gleich dem tapffern König Hiskia/ wie in Göttlicher Schrifft lobwürdig von ihme geschrieben stehet / Cronic. cap. 32. Daß demselben wider den Gottlosen König Sanheribs und dessen Gottsläfterlichen Assyrier-Volck ein Engl von

Him-

Himmel zugesandt worden / der in einer Nacht das Heer der
Gottlosen geschlagen und vertilget hat.

Der Allerhöchste wohne bey Euer Churfürstl. Durchl.
und dero Durchlauchtigsten Saamen/ daß Er die Thor seiner
Feinde besitze/und als der Saamen des Hochgesegneten GOttes
in allen hohen Fürstlichen Wohlergehen wachse/ lebe/und sehe
alzeit das Glück Jerusalem immer und ewiglich/die Arm seiner
Hände seyen allzeit starck / durch die Hände des
Mächtigen in Jacob.

Fixis

Fixis oculis.
Mit unabgewendten Augen.

Ein Fürst/ der sein Aug auff Land und Leute kehret/
Und deren Untergang aus allen Kräfften wehret.
    Ist lobens werth/ dem Adler gleich am Himmels-Plan
  Mit unverwendten Aug/ die Sonnen siehet an.

(G)

Jeſes Sinnbild/ auf den Andern Churfſ. Nahmen erſten Buchſtaben (G) gerichtet/ entwirfft einen Adler mit ſcharpff-ſehenden Augen/ auf die in Klauen haltende Feldungen mit den Rauten-Krantze ur-abgewendt ſehent welche beide ſo wol der Adler als die unterſchiedene Felder mit den Rauten-Krantze in den Chur- und Fürſtlichen Wappen auch ein verleibt zu ſehen ſein. Dieſem Symbolo äigne ich dieſe Obſchrifft zu. Fixis oculis,

Mit unabgewendten Augen.

Der hocherfahrne Naturkündiger Plinius ſchreibt von dem Adler/ das er ein König unter den Vögln ſeye/ und mit ſo ſcharpffen Augen von dem Schöpffer begabt were/ daß er die hellſtralende Sonnen-Feuer-Kugel mit unveränderten Augen anzuſehen pflege: Durch den hochgeadleten König der Vögel iſt ieder Zeit ein hochverſtändiger Fürſt abgeſchildert und verſtanden worden/ der ein ſcharffſichtiges Aug auf ſein Reichs-Regiment/ Land und Leute hat/ gute Geſätze verſchreibt/ und pro bono publico, für den algemeinen Nutzen Tag und Nacht Sorge traget. Zu dem Ende auch die Römiſche Käyſer vor alters/ als noch auf dieſe Zeit unſer glorwürdigſter Käyſer/ den Adler in Käyſerl. Wappen führen. Der hochgeAdlete Europeiſcher Adler Kayſer Ferdinand der Erſte/ pflegete dieſe Kayſer mäſſige Rede zu führen. Gott habe ihn nit Seinet halben in ein ſo hohes Ampt geſetzet. Es ſey die Reichs-Regierung ihme nicht darum gegeben worden/ das er nur; in Ruhe ſchlaffen/ und ihme Wohl ſein laſſen ſelte. man pflegete auf eine andere Geſtalt zu König-und-Kayſerthumb/ als gemeinen Erbſchafften zu gelangen. Es were keinen verboten ſein; Erbli-

C

ches

ches Gutt zu seinen Nutzen zugebrauchen / Jhme aber also sein
Land und Leute anbefohlen / daß er für sie Sorgen / durch seine
Rathschlüsse und gute Gesätz-Ordnung ihren Nutzen / ia durch
aigenen Schweiß ihnen Ruhe und Friede schaffen solle. Der
4te Sinensische hochgeAdelete Adler und Kayser Kangts / ein
lobwürdiger Regent / sagte offt diesen Gold-Spruch. Die Könige weren nit dessentwegen zu der höchsten Ehren-Spitze er-
haben / das sie in fauler Müsse guter Täge pflegen / und ihre
Unterthanen in Unruhe / Verwirrung und beschwerten ste-
cken lassen solten / sondern wan alle Bürger- und Reichs-Ein-
nehmner frölich weren / als dan haben sie sich auch erst zu erfreu-
en. P. Martin. Martinii Hist. Sinic. lib. 4.

Unser hochgeAdleter Durchlauchtigister Sächsischer Adler /
Johan Georg der Dritte / Als Sie sich zu ihrer
neuen Churfl. Regierung geschwungen und glücklich nunmehro angetreten / haben Sie nit weniger ihr scharffes Aug
alsobalden auff den allgemeinen Nutzen deß Landes geworf-
fen / und mit grossen Welt-Ruhm höchst sorgfältig angelegen
seyn lassen / über daß Chur und Fürsten-Thumb Sachsen /
und dero Unterthanen Jhre beide Flügel außzubreiten / Jch
will sagen / einer Seiths mit hochverständigen Ministris,
Räthe / und höchstlöbl. Gesätz-Ordnungen zu umbschrencken /
ander Seits mit Manhaffter Miliz die Frontier zu verstär-
cken und zu bevestigen nach deß großmächtigsten Kaysers Ju-
stiniani Rechts-Lehre. Es muß eine Kayserliche Maystett
nit nur alleine mit Waffen sein außgezieret : sondern auch
mit Gesätzen bewaffnet / damit es möge so wol zu Kriegs- als
Friedens-Zeiten wol herrschen.

Jch werde keinen Jrrthumb begehen / wann Jch schreiben thue / der gütige Himmel habe Eure Churfürstl. Durchl.
als einen andern frommen König Josia Chur-Sachsen-
Land zu einem Oberhaubt gegeben. Von erst berührten
König

König Joßa thut Meldung die heil. Schrifft in Buch, der Königen cap. 32. das/ als er den baufelligen Tempel aus beſſern laſſen/ von Prieſter Hilkia das Geſätz-Buch gefunden worden/ und ſo Gerecht regieret/ daß er weder zur rechten noch zur Lincken ſich gewendt/ auch von allen Kräfften auff die Geſätze des Herrn gehalten.

C 2   Sine

Sine his periculum.
Ohne diese Gefahr.

Ein Fürst der mit Weißheit das Steuer-Ruder führet/
In wilder Staas-See daß Schiff-Regiment regieret
Der mus haben bey Zeit/ Ancker und Räthe zur hand
Die alles bringen thun weißlich in guten Stand.

(E)

Als Sinnbilde/ das hier den Nahmen=Buchsta=
ben (E) vorbildet/ mahlet ein Ancker mit dem Steu=
er=Ruder ab mit beygefügten Lehr=Satz und Ob=
schrifft. **Sine his, periculum.** Ohne
diese/ Gefahr.

Daß Staats Regiment ist ein ungestümes und gefähr=
liches Meer/ wie Alciat. Embl. 21. lehret. Diesen gefährlichen
Meer bey aller friedlichister Witterung ist nit zu trauen/ son=
dern weißlich zu besorgen/ es könne in einer virtel=stunde/ die
ietzo Spiegel=Glatte und friedliche See/ mit viel Millionen
aufgeführten Wellen/ Sturm=Würbln und Klippen/ in
voller Bataille stehen/ und den Maast=Baum zusambt den
Schiffs=Regiment in Grunde stürtzen. Den Völcker uñ König=
reiche seindt eitel Wasserwögen/ die Leichter brausen/ als still=
schweigen: wie sie auch in heil. Schrifft selbst nicht nur einmahl/
damit verglichen werden. Warumb steigen die 4. Monarchi=
sche und andere Reichs=Thier/ deren in besagten Lebens=Buch
gedacht wird/ gemeiniglich aus dem Meere/ und nit aus denn
vesten Erdboden hervor/ als weil der Grunde/ darauf sie sussen
gar beweglich/ und ungewisser Trib=Sand und eitel Wasser=
Wögen sind/ so den einen erheben uñ empor tragen/ den andern
hingegen aus der höhe hinab ziehen/ und in die tieffe sincken
lassen/ Insonderheit wann die 4. Haubt und Welt=Winde:
als Gunst/ Haß/ Furch und Hoffnung alzu hefftig gegen ein=
ander Sturmen. Durch dieses ungestüme Meer muß das Re=
giments-Schiffe Seglen/ wann den ein Welt=Regent daß
Steuer=Ruder der Weißheit nit wolund weißlich als dan re=
gieren kan/ und mit guten Anckern/ daß ist weisen und klugen

Räthen daß Guberno Schiff verſehen iſt / kan es bald ſcheittern und zu Grunde gehen.

Wann ich derohalben Eure Churfl. Durchl. als einen klugen Steuer und Staats-Mann betrachte / werde ich ſehen / das dieſelbe daß Chur-Regiments-Schiff mit ſolcher höchſt verwunderlichen Staats-Weißheit / Verſtand und Prudenz albereit angefangen zu regieren / daß dieſelbe jden fortreflichiſten Regenten der Welt / wol zuvergleichen ſein / und in geringſten nichts bevor geben.

Die Göttliche Schrifft gibt ein ſchönes Beyſpill eines ſehr klugen Staatts-Mann und weiſen Regenten in andern Buch der Cronicen cap. 1. an König Salomon / denn GOTT die Weißheit ſelbſten / dermaſſen mit Weißheit und Erkäntnüſſen erfüllet hat / daß wie der heil. Text meldet / ſeines gleichen unter den Königen vor ihn nicht geweſen iſt / noch werden ſoll nach ihme.

Wir hoffen zu GOtt / er werde deß geſambten Vaterlandes Wunſch erfüllen und Eure Churfl. Durchl. als einen andern Weiſen Salomon mit gleicher Weißheit und Verſtand begaben / auch Reichthumb / Gutt und Ehre geben / das ſie in Frieden regieren von Dan biß gen Berſaba, von Orient biß Occident, und mache dieſelbe immer gröſſer: und Glückſeeliger / daß niemand wider ſie die Hand aufheben darff: daß dieſelbe Frieden habe von allen ihren Gräntzen umbher / und iederman ſicher wohne unter dero Churfl. Rauten-Krantze / Weinſtock und Feigenbaum / und frölich und gutes Muths ſeye über alle den Guten / daß der HErr ihnen gethan hat.

Omnia

Omnia concordant.
Alles stimbt über ein.

Wolan empfanget nun/ Ihr Sachsen/ Euren Printzen.
Du auserwehltes Dreßdn/ und viele der Provintzen.
Mit Einigkeit ie mehr wachst immer für und für
Wie dann vor Augen weist die rechte Himmels-Zier.

(O)

DEr dritte Nahmen Buchstaben (O) weiset in einen Sinnbilde die Himmels-Kugel mit dem Firmament. Mit diesen verständnis-Worten und überschrifft. Omnia concordant. Alles stimbt über ein.

Es siehet der Hoff eines Potentaten / da Weißheit und Gerechtigkeit zu Rathe sitzen und die Einigkeit den Scepter führet / den hellen gestirneten Himmel und Firmament nit ungleich: daß primum Mobile, nach welcher Bewegung die andere Planeten-Himmel sich ordentlich umbweltzen / ist der Regent / das auf und absteigende Planeten Gestirn aber die Hoffleute und Ministri.

Das Firmament wan es auffs allerschönste glänzet / und deß Tags mit dem Strahl der Sonnen; deß Nachts mit vil hundert tausent Sternlein / wie mit lauter lichten Carfunckel und Jaspis-Steinen verklärt / und seine Unterthanin / der Erde / alle angenehme Beforderungen und Hülffsleistung thut: die holdseeligen Blumen aus ihren Schooß herfür locket die Bletter und Früchte aus den knöpffigen ihrer Baum / und das Getraide aus ihren Ackern / frucht-gedeylich erspriessen lasset gleicher Gestalt glänzet alsden alles an einem Staats oder Regiments-Himmel / wan derselbe einig und Einträchtig ist. Der Printz selbst als die güldene Sonne eines so einträchtigen Staats-Himmel / leichtet alsdann in seiner Mayestettischen Klarheit ohne Wolcken und Nebel einiger Verkleinerung und Schmach / ohne Regen hertzbrechenden Leids / ohne Blitz und Donnerschlägen deß rumorenden widerwertigen Glücks / und behält sein respect so lang / biß er seine Augen mit ehren zuschließt

und

und auch sterbend/ durch unsterbliche glorij unterthänige Liebe und verlangen iederman in Hertzen hinterlassset. Wo Einigkeit ist / da küssen sich Fride und Gerechtigkeit / den Unterthanen gehet es wol / Städte und Häuser werden gebauet/
Tugendt und Künste steigen empor, Handl und Wandl blü-
hen/ und in allen Sachen werden Seegen / und die Fülle ge-
erndt. Mit einem Wordt. Die Einigkeit eines Reichs ist eine
Tochter GOttes / eine Mutter deß Friedens/eine Groß-Mut-
ter der Ruhe / eine Schwester der Liebe / eine Freundin der
Threue/ eine Pförtnerin alles Glückes / eine Begleitterin alles Heils / eine Anführerin der Weißheit/ eine Liebhaberin der
Tugent / eine Erhalterin aller Künste/ und eine Diamentine
Mauer/ die kein Gewalt über gwaltigen wird.

Es ist höchstruhmwürdig zu gedencken/ daß das Königl.
Uhralte Chur Sachsen Stammen-Hauß iederzeit in verwun-
derlicher Harmonie und Einhelligkeit bevestiget gewesen und
annoch Eure Churfl. Durchl. mit dero Durchlauchtigst. Herrn
Vettern / Hertzog Moritz/ Hertzog Christian rc. in höchstlöb-
licher Verstandnuß und Eintracht leben / und daß ohne dem
wolbekandte Sprich-Wort wol beliebt und eingedruckt be-
halten.

    Concordia res parvæ crescunt
    Discordia dilabuntur.
    Kleine Ding durch Eintracht sich vermehren
    Hingegen durch Uneinigkeit sich verzehren.
Ich setze dieses noch hinzu / bey dem O.
    Einträchtigkeit und Treu in einen vesten Ringe/
    Verheissen Sachsen-Stamm Glück über alle Dinge.
welches der gütige Himmel geben wolle.

               D   Amor

Amor Patriæ.
Liebe gegen den Vaterland.

Der bruſſene Peſican ſein Liebs-Bruſt ſcharpff auffriket/
Und unter ſeine Jung häuffig daß Blut ausſpriket
   Jänh Georg der Dritte ſiehet nun was Herſchen ſey/
Und tragt zu Lieb deß Lands itzt alle Sorgen bey.

(R)

As (R) in Churfl. Nahmen entwirfft das Sinnbilde deß beruffenen Pelicans / welcher aus Liebe
die Brust mit seinen scharffen Schnabel ritzet / und
mit denn herausqvellenden Blut die matte Jungen erfrischet mit dieser denckwürdigen Beyschrifft.

Amor Patriæ. Liebe gegen dem Vaterlande.

Durch dieses Symbolum werden verstanden die Welt-
Regenten / welche nicht nur ihnen / sondern dem Vaterlande
und gemeinen Nutzen vorzustehen / in diese Welt gebohren /
und verpflichtet seyn / alles Thun und Vorhaben dem bono
publico zu widmen. Kein Potentat kan solche Schuldigkeit
abstatten / das er nit ein mehrers zu leisten / sich obligat wird
finden. Dann so oft Er der gemeinen Lufft-Odem schöpf-
fet / bekennet er Stillschweigend die allgemeine Wolfahrt: so
offt er Speiß und Tranck zu sich nehmen thut / wird er nit
unbillich erinert / das er von Vaterlande gespeisset und erhalten
werde. So offt er in ein Garten spatzieret / oder in daß freye
Feld auf die Jagd reittet / wird er zu Betrachten angereitzet /
das von dem Vaterlande nechst GOTT ernehret / und das
Leben habe : dessentwegen auch die Natur solche verborgne
Zuneigungs-Inclination in daß Menschliche Hertze gegeben /
das man nirgens lieber / als in Vaterlande seyn / und zu bleiben verlange.

Solche angebohrne Schuldigkeit / haben die Weltberühm-
ten / Streittbahren Helden iederzeit wohl bedächtig erkennet /
sich nit gescheihet / ihr Leben für ihr Vaterlande / großmütig

in Noth und Todts-Gefahr dahin zu wagen / und auf zu
Opffern. Scævola hat seine tapffere Hand in dem Feur ver-
brandt/ seyn Vaterlande aus der Kriegs-Flamme zu erretten.
M. Curtius ist in die vergifte Erden-Krufft gesprungen / seyn
Vaterland der pestilentzischen Luft zu befreyen. Attillius Re-
gulus, hat für seyn Vaterlande/ den aller schmählichisten Tod
erlitten / seinen Vaterlande gleichsam Kräffte zu geben. Die
Scipiones und unzähliche andere / haben für ihr Vaterland/ in
Kriegen und Siegen / ihr Leben Ritterlich auffgeopffert.

Leopold / iezt regierender Römisch- Kayserl. Mayestett/
als zu Wien den erschinenen Nieder-Osterreichischen Land-
Ständen im Jahre 1663. die Jährliche Landes-Proposition
eröffnet ward / ließ sich solcher Kayserl. und Leopold-würdi-
ger Rede verlauten. Ich will nicht nur Hab und Guth/ sondern Leib und Blut/ und mein aignes Leben/ für meine getreue Stände / auch Land und Leute auf sätzen.

Wann mir Eure Churfl. Durchl. verlauben werden zu
parodieren/ so kan ich mit rechten fug schreiben/ daß dieselbe da-
mahls als daß Römisch. Reich in voller Kriegs-Glutt flam-
mete / und von heil. Römisch. Reich zum General-Leutenant
erkieset worden / nit allein dergleichen denckwürdige Worte/
welche billich mit einen Gold-Küle dem güldenen Sonnen-
Buch einzuschreiben/ würdig wären/ geführet haben/ sondern
über das zu Handthabung teutscher Freyheit und aigenen Va-
terlands (Chur-Sachsen) Wohlfahrt in Werck erwiesen/ und
sich selbsten als ein anderer Generoser M. Curtius in die an-
nahendete gefährlichiste Kriegs-Fluten gestürtzet/ und zu Be-
freyung deß liebē Teutschlandes/ ungeachtet der grossen Kriegs-
und Lebens Gefahr / in aigner Persohn mit einen wohl aus-
mundirten Kriegs-Volck und Kern des Sächsischen Adels dem
furieusen Feinde dapffer und Generos, und zwar höchst-
ruhmwürdigst in 3. Feld-Zügen sich entgegen gesezt/ und Helden mässigist gestritten.

ô

ô Churfl. Sachsen Lande ich wünsche dir von dem Regenten aller Herrschafften/ dem Allgewaltigen GOtt/ das er Seine Churfl. Durchl. als einen mit Liebe gegen seinem Vaterlande so hefftig angeflammeten Pelican / den Vater des Vaterlandes / Nestoris und Matusalach Jahre in Glück- und Freudenreicher Regierung erfüllen: unter den Geist- und Weltlichen eine ewige Kirchen bevestigen/ das Licht des wahren Evangelischen Glaubens vor Finsternüß irrlicher Lehren bewahren/ und ein beständigen Frieden mittheilen wolle: das du ô Edles Sachsen Land werdest ein wahres Campus Elysius: Ein Sitz der Seeligen / eine Herberg und Wohnung der rechten Gottes-Furcht/ und aller guten Tugenden: Gottes Seegen und der Friede / wolle dich und alle treuliebende Inwohner/ gleich einer Flutt des fruchtgebenden Nyli Wässern und befeuchten/ und Euer Hertz und Gemüt er nach so viel ausgestandenen Kriegs-Beschwerungen wiederum erqvicken und erfrischen.

Vis

Vis Unita fortior.
Macht/die veräiniget/ist Stärcker.

Nechst GOtt kan man den Feind aus seinen Vortheil treiben
Wänn Bunds = Verknüpffte nur auf einen Sinne bleiben.
Das ist der Ehren=Ruhm/ der nie kein Ende nimmt!
Wol! wann daß Bundes=Gschütz ist immer so gestimmt.

(G)

Er letzte Nahmen Buchstaben (G) weiset auch eine von neuer Invention auf erbaute Batterie, auf welcher mit sonderbahren Vortheil der aufgeführten Canon als Feuer-Mörsel Granaten und Kugeln/ Artillerie und Feuer-Werck dermaassen zusammen Concentrieren, das sie alles übern Hauffen werffen. Mit darüber gesezten Sinn-Spruch. Vis Unita fortior. Macht/ die veräiniget/ ist Stärcker.

Es schreiben die alten Historici, das der Scyther hochverständige Regent Scilurus, als er sterben welte/ seine Söhne vor sein Todt-Bette beruffen/ und ein bund Pfeile ver sie tragen lassen/ mit diesem Befehl/ daß sie an das zusammen gebundene Püschel-Pfeile Hand anlegen/ und in Angesicht seiner selbiges in stücken zerbrechen selten: dieweilen aber sie solches nit zu thun vermögt/ hat er gesagt/ sie sollen einschichtig ein Pfeil nach den andern herauszziehen un zerbrechen/ welches sie auch bald zu Wercke richteten. Darauf er ihnē diese güldene Staats-Worte und Reichs Vermahnung hinterlassen. Liebste Söhne/ wan ihr wie ein Pfeilen-Püschel/ vest untereinander verbunden/ un einträchtig werdet bleiben/ wird euch keine Macht noch Stärcke der Welt übergwältigen/ in widrigen fahl aber/ wan ihr euch durch böse Lüste un schädliche Aigennutzigkeiten werdet zertrennen lassen/ wird auch euer Reiche/ wie die einschichtige Pfeile /leichtlich zerbrochen/ und von euch genommen werden: haltet demnach standhafft in guter und ewiger Verbündnuß beysammen/ so wird auch euer Reiche standhafft und ewig verbleiben.

Daß gewaltige grosse Chur-Fürstenthum Sachsen ist gleich-

gleichsam ein unzerbrechlicher bundt Pfeile / denn keine Feint-
liche. Hände niemahlen zu zerbrechen sich unterstanden viel weniger inskünfftige zerbrechen wird. Dann wer ein Chur- und
Fürsten der edlen teutschen Nation angreifft / der greifft zu
gleich das Römische Reich mit allen Bundts-Genossen an / und
ist ein solches Chur-Fürstenthum eine unüberwindliche Ve-
stung / und eine neue Batterie mit einer Diamantinen-Mauer
umbgeben auf welche ob schon die Feind es Carthaunen loß
Knallen und Donnern / sie doch selbige nit viel beschädigen / viel
weniger überwinden können. Rerum concordia Custos. Es
ist ein vestes Band umb die Einigkeit / sie hält alles / wie ein Di-
amantine Ketten zusammen verbunden. Und nach deß sinnreichen Alc. Embt. 2. Concors, nil est qvod timeas, si tibi con-
stet amor. Man hat sich nichts zubefürchten / wo Bundts
verknüpffte Freundschafft sich findet.
    Der Allerhöchste / der Vatter der Liebe und Einigkeit
wohne in den Hertzen der hochtheuren Sachsen-Helden / und
wolle ferner die Bündtnüß im gantzen teutschen Reiche unzer-
trennet erhalten / und wie zu lesen Samuel. lib. 1. cap. 18. da sich
Jonathans Hertz mit dem Hertze David Jonathans Hauß mit
Davids Hauße verbunden / uñ einen vesten Bunde im Herrn
aufgerichtet / gleicher Gestalt in heil. Römischen Reiche durch
das Verbündtnüß-und Freundschafft-Bande gleichsam ein
Hertze werde / und ein Chur und Hertzogliches Hauß gegen dem
andern / insonderheit unser Chur-Sächsisches Hauße mit einer
Diamantinen-Ketten (im HERRN) ewiglich verknüpfft
und verbunden bleibe.

Utili-

Vtiliter.
Nutzbahr.

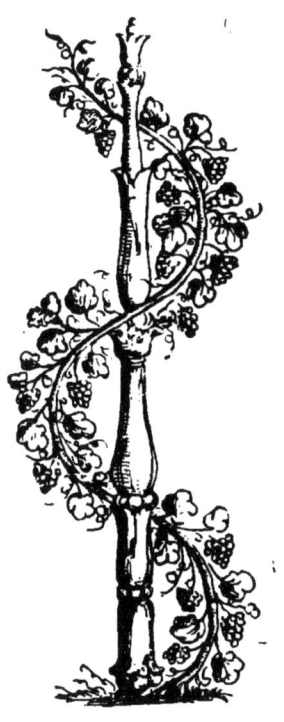

Der Sachsen Scepter thut hier denn Wein-Pfahl geben/
Umb welchen der Räthe Witz sich windet/ als die Reben.
So wachse mit Verstand/ an Nahrung/Heyl und Gut
Und richte dich empor bey deines Fürsten Hut.
E   Gleich

(I)

Leich wie der zarte junge Weinstock mit seinen grünen Blettern/edlen Trauben-Frucht/und subtilen umschlingungen an den Pfahl sich von Natur gern wicklet/ umbwindet/ und selbigen noch mehr beveltiget/ gleicher Gestalt unter des Churfl. Nahmen/ersten Zahl-Ziffer (I) wird in einem Sinnbilde der Regiments-Scepter mit den grünen Weinreben-Blettern und Trauben umbgeben/ vorgestelt mit dieser Obschrifft. Utiliter. Nutzbahr.

Damit zu belehren weil ein Regent und Landes-Fürst wegen der Reichs-Sachen Wichtigkeit und Menge nit alles allein Richten und Schlichten kan/ so erholet er sich Raths bey hochweisen und verständigen Räthen/ vermitls deren klugen Rathschlüsse der wankende Scepter bey rechter Zeit umgeben und bevestiget wird. Und solches ist einem Regenten nicht für übel zu halten/ia als eine kluge Fürsichtigkeit an ihme zu loben/ wann er nit alles nach seinem Gutdüncken und aignem Kopff (wie Caligula, Nero, und andere Tyrannen) zu wercke richtet/ noch seinen freyen Willen/ an statt der Gesätze seyn lasset; sondern vielmehr unter den gegebenen Rathschlägen eine Wahle haltet/und nachdeme er sie alle wohl und weißlich erwogen/ den Heilsamisten ihme zu Nutze machet: weil doch ihrer etliche mehr/ als einer allein sehen kan. Mehr Regimenter seyn zu Grunde gangen aus Mangel alter verständiger Rathgeber als auß Mangel des Geldes und Lebens mittel.

Deine zu folge. Wer hielt es dem König Pharao in dem fruchtbahren Egypten Lande für übel/ das er den armen und gefangenen Fremdling Joseph/und zwar mit seines und des
ganzen

gantzen Königreichs gröffen Nutzen zum geheimen Rath erkie-
fet und erwehlet? Wie solte der groffe Alexander in der Welt so
hoch gestiegen seyn/ wann er sich der Rathschläge seines treuen
Parmenionis, alten Clytiund anderer Räthe/ nit gebrauchet
hette? Der Griechen Heerführer/ Agamemnon ist nit unbillich
auch in diesem Stücke zu loben/ das er den/ wiewohl ungestal-
ten/ dennoch aber sehr beredten und klugen Rathgeber Ulyssen,
stetz zur Hand und an der Seiten gehabt? In Summa / es
bleibt beyder Rechts-Gelehrten Außspruch: wann sie sagen;
wegen der weisen Räthe/ die stetz umb den Fürsten seyn/ kan ein
Fürst niemahls irren.

Yeus, der als ein Mauerer von jungen Sinischen Kayser Vutino zum Obristen Reichs-Rath erkohren ward / und
der Kayser ihne ermahnet/ er solte stetz umb ihm seyn. Sagte er
wie ein zarter iunger Weinstock oder Baum fein gerade in die
Höhe steiget/ wan er einen Pfahl zum Beystande hat/ daran
er sich lehnen kan. Also mag ein König/ welcher die Rathschlüsse
seiner Räthe/ mit willigen und geneigten Ohren auf nichmet/
leichlich den heil. Glantze seines tugenthafften Nahmen und Ge-
müths erhalten - auch alle die Seinigen zu gehorsamer Auf-
merckung/ und unterthänigen Gehorsam/ durch einen blossen
Winck/ vermögen.

Eure Churfl. Durchl. so bald dieselbe das Churfl. Guberno und Sächsischen Scepter in die Hand genommen/ haben
sie als ein anderer Atlas die Reichs-Kugel allein auf ihren
Schultern zu ertragen/ nit getrauet / sondern alsobalden das
Churfürstenthum mit hochweisen geheimen Räthen uñ Ministris vest stabilieret / deren klugen Rathschlüsse sie sich ieder zeit
zum Reichs-Nutzen und Wohlfahrt höchst nützlich zu bedienen
hetten und gleichsam als ein edler Weinstock/ des Durchlauchtigisten Sachsen Stamm/ an solche mit Weißheit und prudenz

tieff

tieffgegründete Pfähle und Seulen deß Regiments halten und
trauen dürfften.

Der GOTT aller Weißheit/ segene Eure Churfürstl.
Durchl. und derer Räthe hochweisse Rathschlüsse und verständige Anschläge/ und lasse sie wol gedeyen/ das sie zu des Landes besten Nutzen iederzeit außschlagen/ und
ihren gewünschten Zweck glücklich er-
reichen mögen.

Prudenter.
Klug.

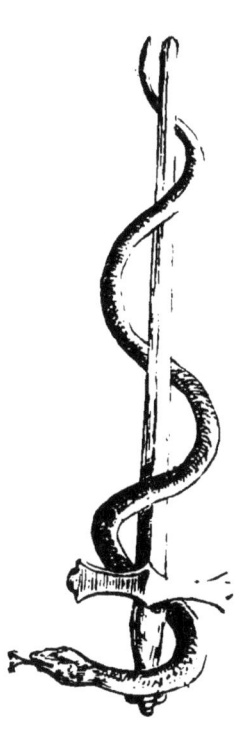

Was der Printz für Treu und Schutz dem Reich erwiesen/
Das wird bey diesem Schwerdt der Klugheit hoch gepriesen :
Erfreue dich ô Sachsen Reich/daß Er dein Land und Gut
Mit klugen Helden-Geist so wohl beschützen thut;

(I)

Ie andere Zahl=Ziffer (I) mahlet uns ab symbolice ein Schwerdt mit einer Schlangen umgeben. Darüber diese Lehr=Wort zu lesen: Prudenter, Klug.

In dem der Allmächtige die Könige einsetzt/ als Bilder seiner Mayestät/ gibt Er ihnen neben dem Scepter/ auch das Schwerdt in die Hände/ als ein gewisses Zeichen der Gerechtigkeit/ so wohl wider die Feinde und Beleidiger ihrer Mayestät und Landen/ als wider die ungehorsamen/ widerspenstigen Rebellen. Demnach solle die höchste Landes=Obrigkeit Vermög ihrer von GOTT verliehenen Krafft das Schwerdt/ wider einem iedwedern in Bereitschafft haben/ damit sich als die Unterthanen/ wann sie in ihren Rechten und Gütern gekräncket/ zu handhaben/ dafern die gütliche Handlung anders nichts wil verfangen.

Das primum mobile (oder erster Himmels=Kreiß) entlehnet seine Bewegung von den andern. Himmeln nit/ also bedürffen die Mayesteten keiner höhern Authorität/ ihre Sachen öffentlich zu verfechten/ haben dessen stets freye Macht und Gewalt: wissen hierinn von keinen andern Schrancken/ als nur der Gerechtigkeit und Weisheit.

Absonderlich aber/ wann ein Potentat das Schwerdt wider seine Feinde zucken und blicken wil lassen/ muß selbiges/ wie das Symbolum und Sinnbilde vorstellet/ mit der Schlangen umwunden/ das ist mit Klugheit und prudenz geführet werden. Wo die fürsichtige Klugheit nicht mit zu Felde gehet/ regiert lauter Furi/ Rauberey und Mord=Brennen. Die rechte Krieges=Klugheit reitet nimmer auff ungezügelten Pferden/

iſt

ist auch nit einäugig/ sondern siehet / wie das Heer der Ster-
nen und mit hundert Augen/wie Argus, um sich her/ auff ihren Vortheil und des Feindes Abbruch. Sie rüstet sich zu rechter Zeit/ mit einer genugsamen Macht:/Lässet aber ihr Klug-
heits-Licht in rechter Ordinierung derselben am meisten leüch-
ten/denn an guter Ordre und Abtheilung der Armee/ erkennt
man/ wer ein rechtschaffener Kriegs-Mann und General sey.
Mit unzahlbaren Hauffen auff zu ziehen/ist keine Kunst / sein
Heer aber wohl an zu ordnen / und beydes mit Stärcke als
Klugheit den Feind anzufallen/wird billich grosse Geschicklig-
keit erfordert. Denn die Wage des Kriegs-Glück führet ihre
sonderbahre Eigenschafften/ und siehet man offt auff ein Ovin-
tichen List-reiffer Klugheit / viel mehr gute Verrichtungen/
weder auff einen gantzen Centner wütterichen Furi und Frech-
heit. Wo nun Stärcke/ Ordnung und Klugheit veräiniget
seyn/ da pfleget gemeiniglich Victoria den vierten Mann abzu-
geben. Durch Klugheit und weißliche Anführung der Armee
wird der Feind aus dem Felde gespielet.

Euer Churfl. Dürchl. und dero Durchlauchtigiste Vor-
Eltern und Churfürsten ist das Reichs-Schwerdt und Chur-
Fürstl. Erz-Marschall Würde von dem Heil. Römischen Reich
auff etlich hundert Jahr her zu dem Ende gnädigst anvertrau-
et worden/ die weilen dieses glorwürdigste Chur-und Sachsen-
Haus mit grosser Klug- und Weisheit iederzeit regieret / und
in Friede/als Kriegs-Zeiten selbiges hochweißlich zu gebrauchen
wissen. Und sind aus diesen Durchläuchtigsten und glorwürdigsten Sachsen-Stamm hochtheure Helden / Hectores und
Achilles Germaniæ entsprossen/daren die Cronifen uñ Jahr-
Bücher mit höchstem Ruhm ausführlich schreiben thun.

Nur ein weniges hier zu berühren. So ist Fridericus I.
des Ober Eltern Herr Vaters Groß Herr Vater ein sehr streit-
barer und sieghaffter Held gewesen.

Fridericus II. vor Ober Eltern Herr Vater/ war Chur-
fürst

fürst und des Heil. Römischen Reichs Erz-Marschall / auch ein gewaltiger / streitbahrer und Hochverständiger Held / welcher wider die Böhmen / Pohlen und Mehren viel Kriege glücklich geführet.

Albertus, der Großmütige / Ober Elter Herr Vater / welcher wegen seiner Streitbahrkeit von den Soldaten / der Teutsche Roland / der andere Carolus Magnus, von den Historicis der Teutsche Hector, sonst dextra manus Imperii, die rechte Hand des Römischen Reichs genant worden.

Joann Georg I. Groß Herr Vater / welcher ein wahrer Achilles Germaniæ gewesen / und die ihme von dem Römischen Reich auffgetragene Generalat und Commissariat Anno 1620. 1621. 1622. 1635. als ein Hochverständiger Held höchst Lobwürdig administriret und verwaltet.

Joann Georg II. Euer Churfl. Durchl. Herr Vater Christmildisten Angedenckens hat auch dem Römischen Reich zur getreuen Assistenz ein ansehnliches wohl außmundieretes Corpus und Armee viel Jahre mit grossen Welt-Ruhm auff den Beinen gehalten / und Eure Chur Prinzl. Durchl. als einigen Chur uñ Prinzen / so gar mit aller Welt Verwunderung in die gefährlichiste Kriegs-Bahne als einen andern Martem zu Hilffe des lieben Teutschlands zu schicken / großmütig belieben lassen.

Con-

Conſtanter.
Beſtändig.

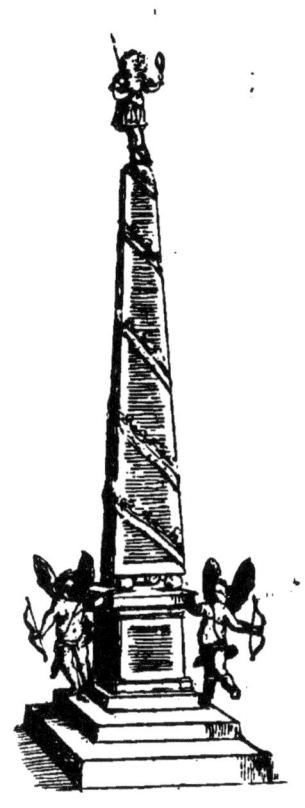

Glück zu! Glück zu! ô Helb! GOTT laſſe Dirs wohl gehen!
Weil deine Liebs-Götterlein ſo ſtandhafft bey dir ſtehen/
Und ſehen an mit Fleiß des Vaters Tugend-Bild.
GOTT ſeye veſtiglich/ ferner ihr Schirm und Schild.

F   Jch

Ch eile zu dem Ende/ und beschließe die dritte Zahl-Zif-fer (I) mit dem Gemählde einer Pyramidal-Seule/ auf dessen Bosament zwey geflügelte Jüngling mit Köcher und Bögen bewaffnet/ sich steiren thun. Oben auff dem Capital der Pyramidis stehet ein gewaffneter Held/ auff der Lantze sich lehnend/ und sein Bildniß in Spiegel sehend. Dieses doppelte Sinnbilde zielet auff die Ehren- und Pyrami-dal-Seule/ welche die Schmur'ner und Tomiter Caracalla des Käysers Severi Sohn zu Ehren auffrichteten. Dises Ge-mähldes oder doppelten Sinnbildes Obschrifft (Conſtanter, beſtändig.) Auslegung bedarff gleichsam keiner weitern Erklä-rung/ weil ein ieder siehet/ daß sichs auff unsere Durchlauchti-giſte den Chur und Jungern Printzen genau schicket/ welche sich an des Herrn Vaters rechtmäßig gegründetes Regiment steiren und seine Helden-Tugenden/ als durch die Lantze/ die Stärcke und Tapfferkeit/ und durch den Spiegel die pru-dentz und Weisheit in vorgestelten mit dem Rauten-Krantz ge-krönten Helden-Bilde ihres Herrn Vaters mit unverwend-ten Augen ansehen.

Zum Beschluß. Was vorzeiten die frommen Christen wünschten der Christlichen Obrigkeit. Tertull. in apologet. c, 30. Vitam prolixam, Imperium securum, domum tutam, Exercitum fortem, Senatum fidelem, populum probum, orbem qvietum, & qvæcunqve hominis & Cæsaris Vota. Langes Leben/ friedliche Regierung: ein sicheres und beständi-ges Haus: Tapffere und Mannhaffte Soldaten/ getreue Rä-the/ fromme Unterthanen/ friedsame Welt/ und was ein Mensch und Käyser ihm selbsten wünschen und begehren mag/ das wünsche Euer Churfl. Durchl. in Krafft des Allgewalti-

gen

gen GOttes Ich hiermit / und mit mir bitten zu GOTT alle getreue Unterthanen und Churfl. Sächsische Bediente. GOTT gebe Euer Churfl. Durchl. langes und gesundes Leben/ ein Fried und Freudenreiches Regiment/ ein sicheres und beständiges Churhaus/ sieghafftes und streitbahres Kriegs-Heer / getreue/ verständige und Gottliebende Räthe/ fromme und getreue Unterthanen/ ein ruhiges und friedsames Lande/ und was ein Christ/ wie auch Gottergebner Regent ihme selbsten an Seel und Leib Gutes begehren und wünschen kan und mag. Das erfülle an Euer Churfl. Durchl. reichlich ist die Gnaden-Hand GOttes/ und wie in dem Churfl. Sächsischen Wappen beyde Schwerdter Creutzweise in einander fallen/ dardurch Frieden und gute Einigkeit angedeutet wird / durch die weisse und schwartze Farbe aber/ daß die Gestrenge und scharpffes Recht mit Gelind und Gütigkeit soll vermenget seyn. Also wolle auch GOTT mit der Wolcken seines Schutzes und dem hellen Licht seiner Gnaden Sie allzeit überschatten und führen/ mit dem Schwerdt der Ehren/ des Siegs/ der Krafft und der Stärcke sie umgürten und Euer Churfl. Durchl. samt Dero Königl. Gemahl Chur- und Fürstlichen Prinzen und ganzen Durchlauchtigsten Sachsen Stammen-Hauß/ die von Himmel hoch gesegnet und beglückseliget seyn und bleiben lassen in allen. Amen.

Eteostichon

Der Jahrs-Zahle der Neuen Chur-Fürstlichen Herrschafft und Regierung.

MDCLXXX.

Iann Georg III. thVt SaChsen-StaM begLVffen/
GOtt geb! Daß Ihn keln Zelt/ keln Krleg nlt kan VerrVffen.

F 2   Glücks-

Glücks-Wunsch:

I.

Kommt ihr Musen helfft beglücken/
    Unsers Fürsten Freuden-Fest;
Welches aus den Feuer-Stücken
    Selbst die Erd beehren läst.
Lasset auch vor andern allen/
Euern Freuden-Wunsch erschallen.

II.

Glücklich lebe! lang regiere!
    Johann Georg der Dritte.
Grüne/ blühe/ wachse/ ziere!
    Deinen Thron mit Glück beschütte.
Also ruffn die Sachsen-Stammen/
Und das gantze Land zusammen.